Te $\frac{151}{35}$

VADE MEC

DES TRAVAILLEURS

avec un remède authentiquement éprouvé

CONTRE LA RAGE.

Que peut l'Algifuge?

Prévenir les fâcheuses suites des accidents;

Par le Dr RABOISSON,

à qui il a été décerné 4 Médailles, 3 de bronze et 1 d'argent grand module,
et 4 mentions honorables,
notamment à l'Exposition universelle de Paris de 1855.

BORDEAUX

TYPOGRAPHIE G. GOUNOUILHOU

place Puy-Paulin, 1.

1859

A NOS SOUSCRIPTEURS.

Préface qu'il faut lire.

CHERS SOUSCRIPTEURS,

Comment pouvoir dignement répondre à votre honorée confiance, et remplir fidèlement une promesse qui semble, à priori, entachée de témérité? Vous avez sans doute été frappés des cures merveilleuses annoncées par notre Prospectus. Oh! certes, elles sont véritables, authentiques même : c'est constant. Toutefois, comme elles ne portent à peu près chacune que sur une espèce de maladie, ça pourrait bien n'être qu'une exception pour ces différents cas; or, les exceptions ne forment dans aucune occurence, ou plutôt ne sauraient jamais constituer une règle. Mais, vous l'avez fort bien compris, chers souscripteurs, chaque cure n'y a été donnée que comme un spécimen propre à faire voir les différents cas auxquels convient la recette proposée à votre bonne foi; elle remplira toujours votre attente, lorsque le principe vital ne sera pas trop compromis par les progrès du mal : c'est immense, en comparaison des succès ordinaires obtenus par les meilleurs spécifiques employés en médecine. Vous trouverez sans doute des cas rebelles : il y a, vous le savez, des natures, des tempéraments, des constitutions dont les fibres ne sont pas susceptibles des impressions ordinaires, et à l'ébranlement desquelles il faut, pour ainsi dire, un levier ou plus fort ou d'un autre genre. Veuillez bien ne pas vous en effrayer, mais varier vos attaques sans changer de médicament; car, après la lecture de cette courte préface, vous saurez manier vos armes selon la force des résistances.

D'un autre côté, parmi le petit nombre des maladies qui semblent composer le quasi-domaine de notre recette, il s'en trouvera quelques-unes dont le traitement exigera le secours d'autres substances non moins simples, qui seront également mises, au moins pour la plupart, à votre portée, ou que vous trouverez toujours dans les pharmacies. Cela ne vous surprendra point, quand vous vous apercevrez que ces terribles affections morbides figurent parmi les plus grands écueils, tant de la médecine que de la chirurgie (encore bien imparfaite, malgré ses grands progrès), soit séparées, soit réunies. De ce nombre sont les différentes pneumonies (affections de poitrine), les hydropisies symptomatiques, les névroses, les paralysies, les apoplexies, les rétentions d'urine, les fistules lacrymales, les fistules urinàires, la fièvre typhoïde, certaines fièvres paludéennes et même les fièvres puerpérales; tandis que notre méthode y obtient des succès admirables sans pouvoir jamais nuire. Voilà pourquoi, honorés souscripteurs, nous avons pris le parti de la livrer à la sanction d'amis de l'humanité tels que vous-mêmes, sans avoir la prétention de faire de vous autant de médecins que de lecteurs.

Au surplus, vous ne l'ignorez pas, Hippocrate l'a dit : *Ars longa vita brevis.* Oui, l'apprentissage est long et la vie courte.

Nous remercierons donc Dieu de vous avoir mis à même de prévenir avec confiance les fâcheuses suites de certains événements, et quelquefois d'être les sauveurs de la vie de nos semblables dans les plus graves accidents, qui arrivent presque toujours loin du secours des médecins, et d'obtenir d'autres fois des guérisons dans lesquelles ceux-ci auront échoué, malgré tous les efforts de leur profonde science et de leur zèle bienveillant.

Nous nous serions volontiers adressé seulement à eux : c'eût été conforme à nos sentiments de confraternité ; mais, qui ne le sait pas? on est accoutumé à recevoir les lumières par l'enseignement des princes de la science, et ces messieurs sont peu disposés à prêter une oreille favorable aux avis de leurs disciples relégués dans les campagnes. L'expérience de tous les jours ne laisse aucun doute à cet égard. Que voulez-vous, honorés lecteurs, l'espèce humaine est ainsi faite! Ce n'est ni utile ni nouveau, répondent-ils. Eh bien! les profondes lumières d'un public d'élite et impartial jugeront si les moyens que nous émettons ne sont pas chacun plus utiles qu'un trésor, dans quelques circonstances de la vie humaine, telles que chutes, coups, blessures, indigestions, brûlures, ophthalmies, hernies étranglées, apoplexies, paralysies et, oserons-nous ajouter, le choléra, jusqu'à preuve du contraire? En tout cas, nos souscripteurs feront une chose qui nous sera fort agréable en nous donnant connaissance de leurs revers dans cette dernière maladie, s'ils en éprouvaient, attendu que dans notre longue pratique, presque champêtre (à Branne [Gironde], chef-lieu de canton, 1852), l'occasion d'y employer notre méthode ne s'est présentée que trois fois, mais toutes trois heureuses. Ces succès, quoique restreints et peu concluants, rapprochés d'autres analogues, nous font présumer l'efficacité de notre remède, sous la réserve d'une impartiale sanction, avec d'autant plus de motifs, que l'art ne possède encore aucun moyen sur lequel on puisse compter contre ce terrible fléau.

Maintenant, honorés souscripteurs, allons droit au but ; supposons-nous en présence du choléra. Que faut-il faire? Il faut d'abord suivre la voie battue. Cherchons dans la première partie, ou dans la table ci-après, le mot choléra : il est suivi des signes +20+22+14.5.6. 41.17.56.57.

Cela signifie que l'on doit faire tout ce qui est prescrit dans les alinéas de la seconde partie en tête desquels se trouvent les chiffres précités et précédés du signe + dans ladite table, soit + 20 ; faites ce que dit l'alinéa 20 de la seconde partie, sans vous préoccuper des *parties paralysées* dont il y est parlé pour éviter les redites dans des cas différents ; après cela, faites de même ce que prescrit l'alinéa 22, concernant le cas qui nous occupe, ce qui est très-facile; puis, sans désemparer, faites ce qui est décrit dans l'alinéa 14. Cela fait, attendez quelques minutes. Si les symptômes s'arrêtent, comme ils l'ont déjà fait, après ces trois indications, il est inutile d'employer d'autres moyens : on se borne à ceux-là, en préparant le n° 5, que l'on sert comme le dit le même alinéa 5. Si le froid persistait, on passerait à la prescription des alinéas 6.56.57. Les symptômes calmés, on continuerait le n° 5, en traitant d'ailleurs le malade comme dans toute maladie grave. Quand ce serait possible, on passerait au numéro ou alinéa 41, puis au 47. En un mot, il faut, sans interruption, faire tout ce qui est indiqué dans les alinéas dont les chiffres sont précédés de ce signe + dans la table. S'il en est besoin, on fait, quelques minutes après, successivement, les prescriptions 6.56.57, selon le besoin, en attendant que l'on prépare la 5, qui n'est désormais que prophylactique ou préventive.

Prenons un autre exemple, parmi les plus communs, concernant les dents. Ce dernier mot, dans la table précitée composant la première partie, est suivie des caractères arabes 7.8.11.15.14.15; c'est-à-dire que l'indication d'un seul de ces chiffres suffit ordinairement dans ces cas-là, le signe + ne s'y trouvant pas. On fait donc d'abord les prescriptions les plus commodes, praticables en tout temps et en tous lieux, qui sont 7 et 8. Si la douleur revenait ou ne cédait pas à la minute, on passerait à une autre des prescriptions indiquées.

Le n° 15, suivi du n° 14, faciles à faire chez soi, nous

a toujours réussi; mais il faudrait passer au n° 15 en cas d'insuccès, quoique je n'en aie vu qu'un.

Ainsi, chers souscripteurs, la comparaison de cet opuscule, équivalant à plusieurs volumes, avec le prospectus que vous avez en main, vous prouvera que, selon nos principes, vous recevez plus qu'il ne vous a été promis. Puisse-t-il vous contenter autant que je le désire. Cela aura lieu certainement pour tous ceux qui voudront et sauront le mettre à profit, ce qui n'est pas difficile moyennant un peu de bonne volonté : une lecture attentive de cette préface suffit pour mettre infailliblement sur la voie de tout ce qu'il faut faire d'efficace dans les cas qui suivent.

La recette du Rabifuge nous vient d'un ancien magistrat; nous n'avons fait que la formuler, en l'améliorant de quelques heureuses additions.

PREMIÈRE PARTIE.

TABLE DES MALADIES OU AFFECTIONS CURABLES
à l'aide de l'ALGIFUGE.

Adénite ou oreillons,+7+13.18.25.

Agitations nerveuses, + 7 + 20 + 14.17.19.

Amaurose, +9+23+19+17.14.

Anasarque, +7+29+2+22.19. 17.6.

Angine, +7+10 + 22+14+19. 17.13.

Angine couenneuse, +7+10+13+ 17+52.19.

Anthrax, +7+13.19.17.14.

Apoplexie, +20+13+14.21.17. 19.

Arthrite, +50+19+17.56.57.

Ascite, +7+22+29.3.19.17.

Asthme, +22+51+17.14.19.2.

Blessure, +7+34.

Brûlure, 7.34.

Bubon, +7+13+19.17.25.

Catarrhe,+10+2+7+19.17.22. 56.57.

Charbon,+7+22+19.17.14.

Chien enragé (morsure du), +7+22 +43.42.17.56.57.

Chlorose +7+22+14+25.17.55

Choléra +20+22+14.5 6.41.17 56.57.

Chute, 7+13.

Chute de matrice, 7+13+38.17.

Commotion, 7.13.

Contusion, 7+13.

Coqueluche, +10+2+7.47.22.

Cors aux pieds, 40.13.53.

Dartres, 30.25.16 17 19.53.54.

Dents douloureuses, 7.8.11.13.14. 15.

Douleurs, 7.13.16.19.17.56.57.
Ecchymose, 7+13.
Écrasement, 7+13.
Entorse, 7.13.22.16.
Epistaxis, 11.7.44.13.22.
Fièvre paludeenne, 7+22+14+4.
17.19.
Fièvre puerpérale, +7+22+4+
14.17.19.
Fièvre typhoïde, +22+14+4.17.
19.
Fistule lacrymale, +9+23+17.
Fistule urinaire, +7+34+17.
Foulure, 7.13.22.16.
Hémorrhoïdes douloureuses, 28.
Hémorrhagie, +22+49.
Hernie, +7+13+17.46.
Hernie étranglée, +7+13+41.22
+14.46.
Hydrocèle, +7+13.22.17.3.
Hydrophobie, +7+43+22.42.17.
14.
Hydropisie, +7+22+3.29.17.19.
Hystérie, 7,22,17.36.55.
Incontinence d'urine, +27+37+
17.14.33.
Indigestion, 7.22.14.17.
Insomnie, 7.14.22.
Maladie vénérienne, 7.13.17.25.36.
Mal de tête, 24.21.17.
-Morsure de chien ou de tout autre ani-
mal enragé, +7+13+43+22.
42.17.56.57.

Métrorrhagie, voir utérus.
Migraine, 24.21.19.17.42.
Nez (mal dans le), 7.11.17.
Nez saignant, +7+11+44.22.49.
Ophthalmie, 9.23.17.
Orchite ou inflammation des bourses
(test.) 7.13.17.25.
Otite (inflammation du canal de l'o-
reille), 36.14.15.31.
Paralysie, +7+13+19.17.35.4.
Plaie, 7.34.   [56.57.
Plaie par armes à feu, +7+13+39.
17.
Photophobie (lumière insupportable à
la vue), 9.23.48.
Pleurésie, +7+22+14+2.17.
19.56.57.
Rage, +7+43+23.14.42.17.
56.57.
Rétention d'urine, 27+14+26.17.
Rhumatisme, 7+13+17+21+19.
22.16.45.42.56.57.
Sciatique, +7+13+14+16.21
+19.22.45.42.56.57.
Strangurie, +27+14+36+26.17
Surdité, 12+32.31.
Syphilis, 7+13.25.17.
Teigne, 17+53+54.
Tumeurs blanches, 50+19+17.53.
Utérus (hémorrhagie de l'), 49+22.
53.
Verrues, 40+53.
Yeux (malades), 9+23+17.

DEUXIÈME PARTIE.

1. *Recette de l'Algifuge* : Prenez : 1° feuilles de frêne;
2° feuilles de laurier d'Apollon (à sauce); 3° feuilles de
noyer; 4° feuilles et tiges de verveine officinale, indi-
gène ou cultivée; 5° feuilles et tiges de grande scrofu-
laire; 6° feuilles et tiges d'orties piquantes à fleurs blanches (de chaque une poignée); 7° pétales de roses rouges

odorantes, 256 grammes; 8° vin blanc vieux de Falerne d'Izon (¹), 4 litres.

Faites infuser les trois premières substances dans le vin blanc pendant trois jours; ensuite, ajoutez-y les numéros 4, 5, 6 et 7, sus-énoncés, laissez encore infuser le tout 24 ou 50 heures, puis coulez et exprimez; versez la colature dans une touque, cantine ou baril d'une capacité à peu près double (de 8 litres); après cela, camphre de Ceylan en copeaux ou en poudre, 140 grammes.

Faites dissoudre le camphre susdit dans 200 grammes d'essence de térébenthine.

Avec cette dissolution, pétrissez 560 grammes de farine de moutarde noire récente. A cette pâte, incorporez 200 grammes de clous de girofle concassés.

Introduisez cette pâte consistante dans le vase qui contient la susdite colature, et agitez fortement pendant deux minutes, afin de bien mêler le tout. Laissez-le ainsi infuser une quinzaine, en ayant soin de l'agiter une ou deux fois par jour. Au bout de ce temps-là, décantez-en la quantité que vous voudrez; ajoutez-y $\frac{1}{10}$ de limonade ferrugino-gazeuse 55 : elle sera bonne ainsi contre les maux des dents. Mais pour la rendre efficace dans tous les cas relatés par la table qui précède et qui forme la première partie du présent opuscule, il faut y ajouter encore $\frac{1}{10}$ d'alcali volatil fluor et un vingtième d'essence de térébenthine; c'est-à-dire, on prend 9 cuillerées de la colature limonadée, une cuillerée d'alcali volatil et une demi-cuillerée d'essence de térébenthine; on mêle bien le tout, que l'on a soin d'agiter toutes les fois que l'on veut s'en servir.

(¹) Vin extrêmement alcoolique, d'un goût et d'un arome particuliers, d'un crû restreint à un mamelon caillouteux, inconnu dans le commerce (on n'aurait qu'à nous en faire la demande, à 1 fr. 50 le litre); mais il peut, je pense, être remplacé par tout autre vin blanc mêlé de moitié alcool.

Quant à ce qui reste dans le vase et qui a infusé quinze jours, on l'y laisse encore plus ou moins de temps, en ayant soin de l'agiter de loin en loin, ce qui l'améliore; enfin, on le décante, on en exprime le marc dans un linge d'un tissu serré et solide. Ce marc est conservé; il s'emploie, contre certaines douleurs, en cataplasmes, pétri avec une forte décoction de feuilles d'aulne.

On doit garder la liqueur dans des bouteilles bien bouchées.

Pour s'en servir, on en remplit un flacon ou fiole, de manière à pouvoir y ajouter $1/_{10}$ d'alcali ou ammoniaque liquide et $1/_{20}$ d'essence de térébenthine, comme on vient de le dire. (Avoir toujours un flacon dans la poche.)

La quantité désignée dans cette recette peut suffire aux besoins de quatre familles pendant une ou plusieurs années.

Pour le composer, le plus habile des co-souscripteurs peut s'en charger, puisqu'il ne faut pas plus de peine pour en faire beaucoup que pour en faire peu, et que la grande quantité en favorise la qualité. Que huit familles se réunissent donc à cette fin : chacune paiera sa cote part, qui ne dépassera pas 2 fr. 50 c. Toutes les substances de la formule étant doublées, chaque famille pourra avoir son litre d'Algifuge, dont on se servira comme il a été dit.

2. *Recette du sirop tussifuge :* Prenez : 40 colimaçons concassés, ou 150 grammes de mou de veau, autant de chiendent, autant de racine de guimauve pelée, 90 grammes de racine de bistorte, 12 têtes de pavots rouges sans graines, 5 pommes rainettes pelées et coupées par tranches; faites bouillir le tout pendant une heure dans 4 litres d'eau, coulez et exprimez; ajoutez à la colature son double poids de sucre, de cassonade ou de mélasse; faites-le dissoudre pendant 40 minutes sur le feu, puis ajoutez-y 2 cuillerées d'eau de fleurs d'o-

rangers, et laissez bien refroidir avant de le mettre en bouteilles.

A prendre une cuillerée à bouche ou à café, selon l'âge du malade, de temps en temps, principalement la nuit, en cas d'insomnie, ou seul, ou dans une tasse de tisanne des quatre fleurs pectorales.

S'il se moisissait au goulot des bouteilles, il faudrait le faire recuire.

3. *Recette des pilules hydrofuges :* Prenez : Thridace, ou mieux lactucarium d'Aubergier, 3 grammes 60 centigrammes; poudre de scille, de digitale, de nitrate de potasse (de chaque, 2 grammes 40 centigrammes); oxymel scillitique, quantité suffisante. Faites, selon l'art , 72 pilules égales ; chargez-en le pharmacien.

A prendre d'abord une le soir, puis augmenter d'une tous les deux jours, jusqu'au nombre de six ou huit pilules ; descendre ensuite par la même gradation en les prenant par une, par deux, le matin, à midi et le soir, selon le nombre auquel on est arrivé. On les suspendrait en cas de dérangement de l'estomac. Il faut prendre une tasse de tisane à la reine des prés après chaque prise des pilules.

4. Sulfate de quinine, 60 centigrammes, pour les personnes de 12 ans et au-dessus; 45 centigrammes pour celles de 6 à 12 ans; 25 centigrammes pour celles de 4 à 6 ans; 12 centigrammes pour celles au-dessous de 4 ans.

Dans tous les cas, divisez chacune de ces prescriptions en trois paquets égaux.

A prendre de demi-heure en demi-heure dans de l'hostie mouillée et sans mâcher, pour les adultes, qui boiront un verre d'eau sucrée après chaque dose.

Pour les enfants, on fera fondre toute la prescription dans trois tasses de thé très-fort et bien sucré, aiguisé de quatre à cinq gouttes d'acide sulfurique, que l'on fera prendre de même par tasse de demi-heure en demi-heure, autant que possible douze heures avant l'accès de fièvre, si elle est intermittente. Si elle est rémittente, on administrera le sulfate de quinine pendant la rémittence, comme il vient d'être dit, de quel âge que soit le malade, en observant de lui donner les doses prescrites pour son âge; et trois, quatre, cinq ou six jours après, selon le besoin, on y reviendra de même, avant le retour des accès; ce qu'il faudra, pour la troisième fois, répéter encore huit jours après, pour éviter la rechute. Et en attendant, on administrera pour boisson la limonade ou la tisane vineuse : un verre de vin sur un litre d'eau potable. Faire deux fois par jour les lotions du n° 7.

5. *Recette du vin safrané :* Dans un litre de vin rouge généreux, mettez 1 gramme de clous de girofle, autant de canelle, une noix muscade râpée et un citron coupé par tranches avec sa peau. Après avoir fait bouillir le tout demi-heure dans une casserole de terre, ajoutez-y 5 grammes de safran en poudre; laissez infuser demi-heure, coulez. A la colature, ajoutez 1 kilog. de sucre, que vous ferez fondre sur le feu, puis vous y ajouterez deux cuillerées d'eau de fleur d'oranger, à prendre : un bol bien chaud, avant de s'endormir, contre les rhumes, catarrhes; contre le choléra, deux cuillerées toutes les deux heures, ou plus souvent; contre la coqueluche, deux cuillerées à café, plus ou moins, selon l'âge, avant le sommeil.

6. Enveloppez une motte de chaux vive dans un torchon mouillé, recouvrez le tout d'un autre linge sec; placez un ou plusieurs paquets ainsi préparés à chaque côté du malade dans son lit, et laissez-l'y jusqu'à ce qu'il soit bien réchauffé ou qu'il sue, selon le besoin, faisant en sorte que les vapeurs ne se mêlent pas à sa respiration.

7. Versez dans le creux de la main la plus commode un peu d'algifuge, afin d'en frotter légèrement le front, les tempes et le creux de l'estomac, dans l'insomnie; les

téguménts de la douleur, par exemple la joue du côté où les dents font mal; la gorge, la poitrine. le creux de l'estomac (épigastre), dans la chlorose, les rhumes, catarrhes, coqueluches, pleurésie; les mêmes parties et tout le ventre, dans le choléra, l'ascite. la fièvre puerpérale, la fièvre typhoïde, les fièvres paludéennes, et en général les parties douloureuses, entorses, contusions; brûlures, hydrocèles, hydropisies, paralysies, hernies, plaies avec hémorrhagie. (Voir 49.)

8. Avec l'algifuge, humecter la pulpe du pouce et de l'index, entre lesquels il faut saisir les gencives et les dents malades, le nez, etc., sur lesquels on fait ainsi glisser lesdits doigts en les joignant sur le bout libre des objets effleurés de la sorte.

9. Avec l'algifuge mêlé de moitié d'eau sucrée, humecter la pulpe de l'index et en frotter souvent les yeux malades, etc., en y en faisant pénétrer un peu pendant le jour.

10. Tremper souvent la pulpe du pouce dans l'algifuge, et en frotter de même la gorge et le palais de la bouche dans tous les sens; essuyer le pouce chaque fois avant de le retremper pour recommencer. Avec une cuillerée à café d'algifuge et autant d'eau sucrée, se rincer la bouche, l'y garder une minute à peu près, et l'avaler deux fois par jour, excepté les enfants pour cause d'incapacité : cravate peu serrée, imbibée du mélange 12, froid en été, chaud en hiver.

11. Imbiber d'algifuge un flocon de coton et l'introduire dans la carie, pour mal de dents; dans le nez qui saigne; deux ou trois fois par jour injecter un peu d'algifuge dans chaque narine, contre le coriza, comme contre tout mal dans le nez.

12. Faire dans les oreilles des injections avec le mélange d'une partie d'algifuge et six ou huit parties d'eau, selon la sensibilité des personnes, deux fois par jour.

13. Couvrir d'une compresse fine et simple de coton

ou de lin imbibée d'algifuge, le col, le front, la joue du côté malade (dents, etc.), tout siége de douleur en géné- ral, ou de hernie, et tenir celle-ci rentrée en gardant le repos, couché, une ou deux fois vingt-quatre heures, à la renverse, et recouvrir la compresse susdite d'une autre compresse en six ou huit doubles, imbibée d'un quart de vinaigre et de trois-quarts d'eau fraîche ou chaude, selon la saison et la sensibilité de la personne.

14. Avec du fil ni trop fin ni trop gros, mais solide, dont vous formerez une boucle au gros bout pour l'atti- rer au besoin, ficelez un bouchon de liége long de 0^{m}05, gros de 0^{m}010 environ ; trempez-le dans l'algifuge et in- troduisez-le dans l'anus ou le vagin (trochisque), et renouvelez-le selon le besoin.

15. — Faites dissoudre 5 ou 10 centigrammes d'hy- drochlorate de morphine dans une ou deux cuillerées à café d'eau fraîche, et imbibez-en un flocon de ouate pour l'introduire dans l'oreille du côté malade ou dans cha- cune, contre les maux d'oreilles, de dents, de tête, l'in- somnie.

16. — Dans la dissolution 15 qui précède, trempez la pointe d'une lancette ou d'une grosse aiguille, et faites sur le siége du mal de légères piqûres très-rapprochées, ayant soin de tremper souvent la lancette ou l'aiguille susdites. Il en résultera autant de boutons, qui guériront dans deux heures; après quoi, frictionnez selon le nu- méro 7. Trois ou quatre jours après on fait de même, et ainsi de suite, jusqu'à parfaite guérison. Une troi- sième ou quatrième fois est rarement nécessaire, pourvu que dans les intervalles on ait deux fois par jour recours au n° 7, et aux n°s 15, 17, 14.

17. — De six à huit heures du soir, dans la première ou quatrième cuillerée de soupe, prendre, sans mâcher, de 20 à 50 centigrammes d'aloès soccotrin, suivant la qualité de celui-ci et la facilité de la personne à être purgée. Répéter ainsi trois ou quatre jours de suite la

même dose, augmentée ou diminuée selon l'effet de la précédente, qui ne doit pas dépasser deux ou trois selles, arrivant seulement le lendemain, plus ou moins tard.

Après une interruption de trois ou quatre jours, on y revient de même, selon le besoin, surtout si l'on rend de petits vers ou que l'on soit sujet à des convulsions ou trémoussements involontaires. Les femmes s'en abstiendront quelques jours avant, pendant et après leurs règles.

18. — Sulfate de soude (sel de Glauberd), 50 à 60 grammes dans un litre d'eau à 55°, à prendre à jeun une verrée toutes les dix minutes, puis bouillon d'herbes.

19. — Faites dissoudre 5 centigrammes de tartre stibié dans un litre d'eau bouillante, ajoutez-y 50 à 60 grammes de sulfate de magnésie (sel Depson), et 5 grammes de thé; sucrez à volonté. Laissez refroidir. A prendre un verre toutes les dix minutes, et immédiatement une pistache ou pastille; puis bouillons d'herbes; y revenir le surlendemain.

20. Introduire dans la bouche environ une cuillerée à café d'algifuge (1), qui sera avalée s'il est possible; en verser dans le creux de la main pour en frotter légèrement, à plusieurs reprises, le front, les tempes, le nez, les lèvres, et depuis le menton jusqu'au bas-ventre inclusivement, puis les plis du jarret et la colonne vertébrale (échine), de même que les parties paralysées, en injecter dans les narines, puis recouvrir les parties paralysées comme il est dit au n° 22.

21. Dans un litre d'eau bouillante, mettez 15 ou 20 centigrammes de tartre stibié en poudre, remplissez un bol avec cette eau et autant d'eau fraîche, qui sera ainsi tiède; administrez-en un bol pareil toutes les dix minutes jusqu'à vomissement, aux arrêts duquel on sert autant d'eau tiède que possible. Si les vomissements sont insuffisants, on revient à la dissolution du tartre stibié de la même manière que l'on a commencé. On finit par un verre d'eau sucrée fraîche, qui arrête le vomissement suffisant. Environ deux heures après, on fait prendre un consommé et un peu de nourriture, selon l'appétit du malade, qu'à cet égard on ne satisfera qu'à demi.

22. Compresse fine et simple, de grandeur suffisante pour couvrir la poitrine et le ventre, trempée dans l'algifuge, l'appliquer sur la région antérieure du buste (poitrine et abdomen), dans la chlorose, choléra, fièvres puerpérales, typhoïdes, paludéennes, asthme, métrorrhagie, etc., et en général sur toutes les parties souffrantes recouvertes par la peau non entamée, si ce n'est par morsure, et la recouvrir par une autre compresse en quatre ou huit doubles, imbibée d'un quart de vinaigre et de trois quarts d'eau fraîche en été, et toujours contre la métrorrhagie, chaude en hiver pour tous les autres cas. Renouveler cet appareil quand il sera sec, autant de fois qu'il le faudra.

23. Dans le mélange n° 12, tremper un tampon suffisant de ouate, l'appliquer et l'assujettir par un bandeau sur chaque œil malade, préalablement frotté avec l'algifuge pur, avec la précaution d'y en faire pénétrer un peu dedans. C'est le pansement du matin et du soir. Ce dernier suffit contre la photophobie Dans l'amaurose, lorsque la vue est un peu revenue, l'on se contente aussi du pansement du soir. Le jour on fait porter lunettes et frotter de temps en temps les yeux, selon le n° 9, comme dans la photophobie.

Continuer ainsi pendant plus ou moins longtemps, en diminuant graduellement les frictions, jusqu'à ce que l'on y voie assez clair.

24. Faites fermer les yeux, baisser la tête, et frottez, selon le n° 7, le front d'abord et les tempes, puis l'épigastre (creux de l'estomac); ensuite couvrez le front et les tempes d'une compresse simple imbibée d'algifuge, et recouverte comme au n° 22.

25. Si le sujet est faible, une pastille à l'iodure de fer

de Gille, matin et soir les quatre premiers jours, puis deux matin et soir pendant dix ou douze jours. Si le sujet est robuste, iodure de potassium, 25 grammes dans 200 grammes d'eau sucrée; une cuillerée le soir les deux premiers jours, augmenter d'une chaque jour jusqu'à douze; alors, quatre cuillerées le matin, à midi et le soir, sans négliger les prescriptions 7, 13, 17.

26. Faites dissoudre, en le remuant souvent, 55 grammes de camphre de Ceylan, en copeaux ou en poudre, dans 150 grammes de lait, sur un réchaud. A prendre une cuillerée à café le matin, à midi et le soir, ou plus souvent, dans une tasse de tisane à la reine des prés ou à la pariétaire, une heure avant chaque repas.

27. Frottez, selon le n° 7, le bas-ventre et le périnée (espace entre l'anus et le sexe) deux ou trois fois par jour; y appliquer la prescription 15 et l'y assujettir.

28. Avec la pulpe de l'index, chargée d'algifuge, caresser, quand elles font mal, les tumeurs hémorrhoïdales. Mouiller beaucoup son vin ordinairement et s'abstenir de liqueurs alcooliques.

29. Dans un litre de vin blanc, mettez 50 grammes de cendre de genêts, laissez infuser douze heures, et coulez. On administre un demi-verre de cette colature trois ou quatre fois, de demi-heure en demi-heure; plus ou moins souvent, selon l'âge, le tempérament et le degré de l'hydropisie, dans la matinée, cinq ou six jours de suite, plus ou moins, selon la résistance de la maladie.

30. Lard très-rance; en arroser avec l'algifuge quelques tranches, dont on couvre les dartres en les y assujettissant par un appareil; on ne les renouvelle que toutes les 72 heures environ, prenant trois fois par jour la tisane de douce-amère.

31. Introduisez dans le conduit auditif externe un trochisque de lard bien rance, que vous renouvellerez au besoin, en l'arrosant avec le mélange n° 12.

32. Injections dans l'oreille avec 2 ou 3 grammes de

savon dissous dans une verrée d'eau de pluie, deux fois par jour, après les injections n° 12.

33. Tisane d'orties piquantes, trois fois par jour un bol.

34. Arroser d'abord la plaie selon le n° 7, puis en réunir les lèvres et la recouvrir d'une compresse en quatre ou huit doubles, imbibée du mélange n° 12, l'assujettir, et l'en arroser quand elle est sèche ; ne la découvrir que le quatrième ou le huitième jour, selon sa gravité. Elle se trouve alors guérie. Mais les plaies d'armes à feu demandent plus de temps, ainsi que les fistules, qui doivent être tenues propres.

35. Faire amplement l'application des nos 7, 15, 22, sur toute l'étendue des parties paralysées : sous le menton pour la langue, sur tout l'avant-bras pour la main paralysée, etc.

36. Injections avec le mélange n° 12 : une verrée dans l'oreille ; quatre verrées dans l'utérus ou matrice, pour l'hystérie ou fleurs blanches, etc. ; une verrée dans le nez, pour le coryza, etc. ; avec une cuillerée à café seulement, qu'on laisse deux minutes en contact dans le canal de l'urètre pour blennorrhée ou strangurie, etc.

37. Extrait de belladonne, 1 à 5 centigrammes, selon l'âge, à prendre dans une prune, etc., sans mâcher, et ensuite, une tasse de tisane d'orties piquantes tous les soirs, jusqu'à constante guérison.

38. Une pelotte de linge fin, d'éponge, de coton en rame ou de charpie imbibée du mélange 12, et introduite bien avant dans le vagin, après y avoir refoulé la matrice pour l'y retenir. Si celle-ci était trop volumineuse, la lotionner pendant quelques jours avec l'algifuge pur, et l'envelopper avec des compresses imbibées du mélange 12, deux ou trois fois par vingt-quatre heures. Revenue à son volume normal, on la refoule alors et on la maintient comme il vient d'être dit.

39. Débrider ou élargir l'ouverture de la plaie, pour

en extraire ou sortir les corps étrangers, puis 54.

40. Humecter d'algifuge la pulpe du pouce et en frotter légèrement les cors aux pieds, verrues, etc. Si cela ne suffit pas, couvrir les cors pendant la nuit avec une compresse simple imbibée d'algifuge, et recouvrir celle-ci d'une autre en quatre ou huit doubles, imprégnée de trois quarts d'eau fraîche et d'un quart de vinaigre, et y maintenir le tout au moyen d'un bas.

41. Aloès soccotrin en poudre, 40 à 60 centigrammes, bien battu avec un jaune d'œuf mêlé à un quart de litre d'eau bouillante, comme pour un bouillon à la reine, y ajouter autant d'eau fraîche; à prendre en lavement une ou deux fois par semaine.

42. Ayez une ceinture de basane, versez-y sur le milieu trois ou quatre gouttes d'algifuge, appliquez ce milieu ainsi chargé sur la nuque. Qu'une main en prenne un bout et l'autre l'autre bout, pour tirer alternativement cent ou deux cents fois, comme qui scie, ou pendant deux ou trois minutes, matin et soir, même après guérison, mais alors plus ou moins exactement.

43. *Recette de l'hydrophobifuge formulée :* Racine de bardanne râclée et privée de son cœur; petite hysope; thym vulgaire (de chaque, deux poignées); eau commune, 2 litres; huile de noix, 250 grammes.

Faites bouillir le tout dans une casserole ou poêlon jusqu'à réduction de moitié liquide. Coulez, exprimez. Blanchissez cette colature seulement avec deux jaunes d'œuf soigneusement privés de leur germe, et faites-la un peu bouillir, puis ajoutez-y deux muscades râpées et 64 grammes de safran pulvérisé au moyen d'une pelle à feu à demi rougie. A prendre, après les lotions du n° 7, la moitié aussi chaudement que possible et au plus tôt après la morsure. Bien couvrir le patient, dont la sueur doit mouiller quatorze ou quinze chemises.

Si la première dose était vomie, lui administrer la seconde une heure après, et dissiper les nausées, s'il en venaît, par quelques cuillerées de limonade bien sucrée et par l'usage du n° 7. Après le dernier changement de linge, lui servir un bon consommé et une nourriture confortable mais sobre. Ce remède, m'a-t-on assuré, a été plusieurs fois éprouvé avec le plus grand succès. Mais une longue pratique ne m'a pas pas fourni l'occasion de l'employer. La recette que j'en ai formulée, je la dois à l'amitié d'un ancien magistrat, M. Dupuy, alors maire de Moulon (Gironde). Un de ses domestiques mourut enragé, parce qu'ayant vomi ce remède il avait refusé d'en prendre une seconde dose, tandis que les deux personnes qui avaient été mordues avant lui par le même chien enragé, furent par ledit médicament, qu'elles ne vomirent pas, préservées de tout mal, et ce remède avait déjà plusieurs fois été éprouvé avec le même succès dans la famille de Montaut.

Dans la formule, nous établissons double dose, afin de ne pas perdre un temps précieux en cas de besoin.

Si même le remède n'était administré que quelques jours après la morsure, il ne serait pas hors de propos d'en répéter deux ou trois fois la dose, à deux ou trois jours d'intervalle, ayant soin de faire prendre un consommé à la clôture de la sueur, et de bien nourrir le patient, en évitant jusqu'au moindre excès en toute chose, et sans dédaigner, dans aucun cas, les prescriptions + 7 + 22, 42, 17, 19.

44. Tenez les bras élevés brusquement aussi haut que possible au-dessus de la tête, penchée le moins que vous pourrez, pendant un quart-d'heure ou demi-heure, en accrochant ou appuyant les mains à un objet quelconque (échelle, porte, et mieux un bâton suspendu par le milieu avec une corde), à hauteur convenable.

45. *Tisane de feuilles de frêne :* On fera bouillir dix minutes une poignée de feuilles de frêne mâle pour une femme, femelle pour un homme, dans un litre d'eau; l'on édulcorera avec deux à quatre cuillerées de miel.

A prendre une verrée le matin, une à midi et une le soir, toujours une heure avant et au moins deux ou trois heures après le manger.

46. Faire rentrer la hernie et l'empêcher de ressortir par l'application d'un brayer ou bandage, pendant un couple de mois, en faisant la nuit les prescriptions 7 et 15, et de temps en temps 17.

47. Sirop de chicorée composé, une ou deux cuillerées à café, plus ou moins, selon l'âge, trois ou quatre jours de suite, ou à jour passé, c'est-à-dire un jour et non l'autre. Café : une cuillerée à café, une fois par jour.

48. Si l'usage des + 9 + 25 n'avait pas terrassé la photophobie au bout de quinze jours, il faudrait établir au bras un fonticule (vésicatoire ou cautère).

49. Dix grammes d'ergotine dissous dans 100 à 200 grammes d'eau pour en imbiber une compresse en huit doubles, en couvrir la plaie hémorrhagique en en rapprochant les lèvres, recouvrir cette compresse d'une autre compresse en quatre doubles imbibée du mélange 12, assujettir le tout par une bande modérément tendue; l'arroser, au besoin, tantôt avec l'eau de la première compresse, tantôt avec celle de la seconde, et se comporter comme à l'alinéa 54 quand ce dernier n'a pu arrêter l'écoulement du sang trop abondant. Même, dans ce cas, il faut prendre toutes les deux heures une cuillerée de tisane de mille-feuille, dans laquelle on aura fait dissoudre 1 gramme d'ergotine sur dix cuillerées de tisane. Cette prescription doit s'observer aussi dans les hémorrhagies par le nez, la bouche, la vulve, l'urètre et l'anus, ou contre les épistaxis, hémoptysie, hématémèse, métrorrhagie (la malade étant couchée à la renverse sur un plancher ou sur une paillasse), hématurie, hémorrhoïdes, dysenterie, etc., autant de maladies qui demandent les soins du médecin quand on a le temps de l'appeler.

50. Rigoureusement observer le repos du membre affecté, couvrir deux ou trois jours la partie malade d'une compresse imbibée du mélange 12, l'en arroser quand elle est sèche ; la remplacer par un emplâtre fait avec 50 grammes de gomme ammoniaque dissoute dans du vinaigre scillitique, le renouveler tous les trois jours, jusqu'à la troisième semaine après la guérison; y substituer alors une bande de flanelle, arrosée une fois par jour avec le mélange 12, pendant quatre ou six mois, et se livrer graduellement à un doux exercice; car la guérison s'opérera complétement, si les os ne sont pas trop cariés; dans le cas contraire, il y aura ankilose.

51. Papier salpêtré ou amadou en cigarettes, ou en aspirer la fumée; y joindre les feuilles sèches de datura stramonium ou pomme épineuse et de jusquiame noire.

52. 50 centigrammes de bi-carbonate de soude dans une cuillerée de tisane de carottes bien sucrée, toutes les demi-heures, ou moins souvent, selon le besoin.

53. Magnésie calcinée, 2 à 4 grammes dans la première cuillerée de potage. Le soir, pendant six ou huit jours de suite, après l'usage 17, contre la teigne, l'artrite, les dartres, verrues, etc.

54. Chaux-vive, soufre sublimé, autant de l'une que de l'autre, pour faire avec de l'eau une espèce de bouillie claire que l'on fait épaissir dans une casserole de terre sur un feu modéré, en remuant avec une spatule; elle durcit en refroidissant : c'est le sulfure de chaux.

Après trois ou quatre jours de l'emploi de compresses constamment humectées avec le mélange 12, appliquées sur la tête, afin de la débarrasser des croûtes et d'en calmer la démangeaison, en raser les cheveux aussi bien que possible, puis pulvériser le sulfure de chaux ci-dessus, y ajouter autant de chaux-vive que la première fois, en faire avec de l'eau une bouillie claire, la rendre demi-consistante sur un feu doux (sulfure de chaux bibasique), et l'appliquer encore indispensablement chaude sur toutes les parties affectées. Au bout de six ou huit minutes, l'enlever d'abord prestement avec une lame de bois, puis avec une compresse ou éponge mouillée, afin d'en faire disparaître jusqu'à la moindre trace; ensuite, on recouvre encore pendant sept ou huit jours la tête avec une compresse en quatre doubles imbibée du mélange 12; on la change toutes les vingt-quatre heures pour la propreté.

Si le sulfure de chaux bibasique en bouillie susdite est appliqué par couche d'épaisseur convenable (de 0ᵐ002 à peu près), mais seulement sur les parties affectées, enlevé et remplacé comme on vient de dire, en observant d'ailleurs les autres prescriptions, il est rare d'avoir besoin de l'employer une deuxième fois.

55. *Pour faire la limonade ferrugino-gazeuse :* Sur un citron coupé par tranches minces avec son écorce ou zeste, et sur 100 grammes de sucre, versez un 1/2 litre d'eau bouillante, couvrez-en le vase aussi bien que possible, laissez infuser environ douze heures, coulez avec expression dans une petite bouteille propre contenant 40 grammes de limaille de fer pur, ajoutez-y 2 grammes de bi-carbonate de soude en poudre; bouchez et ficelez promptement la bouteille, couchez-la au frais, et laissez-la infuser une quinzaine, ayant soin de l'agiter une fois par jour avant de vous en servir pour le n° 1.

Cette limonade est bonne aussi contre la chlorose ou pâles-couleurs et contre l'hystérie, prise d'abord par demi-bouteille par jour pendant un mois et plus, en montant graduellement jusqu'à un litre.

56. Nous connaissons à Bordeaux un boulanger intelligent (Paschal) venu hors famille, mais excellent père de famille, qui, par sa constitution et son état, est fort sujet aux affections de poitrine. Dès qu'il s'en trouve atteint, une ou deux heures après avoir sorti son pain du four, il s'y étend tout nu dans un sac, sur d'autres toiles disposées *ad hoc*, de manière à prendre respiration hors du four. Il reste dans ce bain de haut calorique jusqu'à l'émission de sueur nécessaire à sa délivrance. Dix ou vingt minutes suffisent pour dissiper l'enrouement, la toux, le point de côté, etc. Son corps étant bien essuyé, il se couvre de vêtements préalablement passés au four; il prend un bouillon, et le voilà parfaitement rétabli.

Sortir de suite du fournil, même avec précaution, serait une imprudence; il faut. y rester au moins pendant une heure après ledit bain, s'y restaurer, puis se retirer bien couvert.

Le même moyen, plus ou moins prolongé, peut être aussi efficace.

1° Dans le choléra, dès le début de la période algide (froid glacial), en mettant sur une planche le patient à plat-ventre, le couvrant d'un drap en quatre doubles, le plaçant dans le four, comme Paschal, et en lui administrant, de cinq en cinq minutes, une ou deux cuillerées de l'apozème vineux 5, pendant une heure; puis, bien essuyer le malade, faire l'application des n⁰ˢ 20.22, et continuer d'administrer le vin 5, etc.;

2° Après la morsure d'un animal enragé, lors même que l'hydrophobie est déclarée, en joignant aux prescriptions médicinales les précautions nécessaires en pareil cas (chemise de force, etc.);

5° Dans les rhumatismes, sciatiques, etc., toujours en imitant le susdit Paschal.

57. Bain de vapeur de 10 à 100 minutes, précédé et suivi des lotions 7; y soutenir les forces du malade par une cuillerée de vin 5 souvent répétée.

En finissant, nous recommandons à nos souscripteurs la lecture du petit livre des *Gardes-Malades*, par le D⁰ E. de Bourg.

www.ingramcontent.com/pod-product-compliance
Lightning Source LLC
Chambersburg PA
CBHW070750280326
41934CB00011B/2865